오늘도 그대 따라 웃습니다

김순복 시집

이지출판

■ 추천의 글

김순복 시인의 시에는 사랑이 담겨 있어 참 좋다. 자신의 사랑과 가족의 사랑, 주변 사람들에 대한 사랑이 결국 감성시가 주는 맛, 자기 치유로 이어져 모두를 즐겁게 해 준다.

이번 시집에 담긴 시에는 한결같이 편하면서도 깜짝 놀랄 시상(詩想)들이 접목되어 읽는 사람을 놀라게 만든다. 그 놀람은 감성을 자극해 행복하게 만들고, 시를 읽은 사람들에게 직접 시를 쓰고 싶은 마음이 들게 한다.

우리 주위에는 시를 쓰고 싶어 하는 사람들이 많다. 하지만 이 마음이 직접 시를 쓸 수 있게 되기 위해서는 김순복 시인처럼 먼저 '시는 시인만 쓴다'는 고정관념을 지우고 '바빠서 시를 못 적는다'는 자기 합리화에서 벗어나면 된다.

김순복 시인은 한국강사교육진흥원 원장으로 바쁘게 지낸다. 그 바쁨 속에서도 이처럼 멋진 시를 적어 시집으로 발간한 것은 시를 바빠서 쓸 수 없다는 사람들에게 좋은 사례가 될 수 있다.

앞으로도 시 쓰기를 이어가 우리나라 최고의 감성시인이 될 수 있도록 이끌어 드리고 싶다.

커피시인 윤 보 영

■ 시집을 내며

한국강사교육진흥원에서 진행하는 윤보영시인학교를 통해 감성시를 접하게 됐다. 줌(Zoom) 수업을 열어 감성시 첨삭지도 수업을 지켜보다가,

"교수님! 저도 시를 쓸 수 있을까요?"
"그럼요. 제가 도와드릴게요."

그렇게 시작되어 《사랑하길 잘했다》, 《내 안의 그대라는 꽃》 두 권의 동인시집에 이어 마르지 않는 샘물 《오늘도 그대 따라 웃습니다》를 출간한다. 이로써 2021년 내 인생의 가장 큰 변화를 이끌, 반드시 이루고 싶은 꿈 1번을 실천했다.

바쁜 가운데서도 감성시를 메모하면서 내 안의 그대를 만나게 되고 그대와 함께 행복한 꿈을 꾸며 입가에 미소가 늘 따라다녔다. 행복의 열쇠는 나의 감성에 숨어

있었고, 감성시는 내 안의 옹달샘이었다. 윤보영 시인 덕분에 내 안의 감성을 깨워 때로는 달콤하게, 때로는 감미롭게 독자에게 다가갈 수 있어 기쁘다.

이 시집을 손에 들고 있는 당신에게 감성시와 함께 사랑 가득! 행복한 일이 샘솟는 내 안의 옹달샘 하나 갖기를 추천한다.

2021년 겨울의 길목에서

한국강사교육진흥원장 김 순 복

■ 차례

2부 달콩이도 웃고 알콩이도 웃고

3부 지금도 그대 생각만 하면

4부 나는 꽃, 그대는 봄

5부 보고 싶다, 그대라는 별

1부

날 웃게 하는 그대

꽃이 된다

두 손을 모아 턱을 받치고
당신 생각을 꺼내면
가슴이 열린다
입가에 미소가 인다

내 안에
봄꽃이 핀다

그대와
꽃밭을 걷는다
나도 따라 꽃이 된다

동심의 세계

푸른 하늘 아래
동심의 세계!

하늘은 그대를 부르고
그대는 하늘을 당기고

그대에게 나는 하늘
나에게 그대도 하늘

날 웃게 하는 그대

늘
그대 앞에서
웃고 있는 나

나를 위해
웃으며 꽃으로 피었다가
나를 위해
웃으며 나무로 되었다가

내가
안 웃고 견디겠어요?
그러니 나도
따라 웃을 수밖에요

시계

쉬지 않고 돌아가는
초침 소리

쉬지 않고 뛰고 있는
내 심장 소리

시계에서
그대를 만난다

잉꼬 커플

카메라를 보고
웃고 있는 나!

카메라 렌즈에서
웃고 있는 당신!

그대는
내 행복
따라쟁이!

담는 기술

찰나를
영원으로 바꾸는 일은 수동!
사진 찍는 기술이 필요하고

그대를
가슴에 담는 일은 자동!
어느 날 갑자기 훅 들어오고

해질녘

다른 사람에게는
조명을 켜야
밝게 보일 수 있는 당신

나에게는
그대 생각이
그대를, 조명보다
더 밝게 보이게 한다

우산

우산 속
그대와 단 둘이서
포근하고 달콤한
행복 여행

내 안에서 걷고 있다
눈치 안 보고
사랑 나누면서 걷고 있다

아버지

보고 싶습니다
눈을 감으면 더 보고 싶습니다

마지막에 어루만진
차디찬 얼굴도
이제 만질 수가 없습니다

가시기 몇 시간 전까지도
제 이름을 불러 주셨던 음성도
이제 들을 수 없습니다

허공 속에서도
뭉게구름 속에서도
당신의 얼굴만 보입니다

아버지
아버지…

남한강

커피 한 잔 시켜놓고
아무 생각 없이 강물을 봅니다

수상스키도 달리고
물안개도 피어오릅니다

반짝이는 잔물살이
나처럼, 하고 싶은
이야기가 많은 듯합니다

그런데 왜
강물 위에
당신 얼굴이 선명하게 보이는 거죠?

무궁화꽃이 피었습니다

아버지를 멀리 보내는 날
아버지 영이 맑아져서일까
좋은 곳에 가시라는 뜻일 거야
"무궁화꽃이 피었습니다!"

아버지가 생각날 때마다
아버지 무덤에 인사할 때도
아버지가 그리워 눈물날 때도
무궁화꽃이 피겠지요

백마 타고 도포 입고
무궁화 꽃길을 유유히 가신 아버지
아, 아버지!
"무궁화꽃이 피었습니다!"

사과

사과가 도착했다
진한 사과 향에
그대를 만난 듯 황홀하다

홍장군!
너,
우리 그대 품었니?

원두커피

선물로 건네받은
원두 한 봉지

코끝을 자극하며
깊숙이 내 안에 들어온다

어쩌지?
내 안에 좌석은
하나뿐인데…

잡초

자주 뽑아내도
뽑아내도
자라나는 잡초

그대 생각하는
나를 닮아 웃음이 난다

그대 생각
버려지지 않듯
잡초는 제거가 안 된다

텃밭

그대 생각하며 텃밭에
열무 씨를 뿌렸다

그대를 생각하는 것처럼
무성하게 자라난 열무

그대 생각은
줄일 수 없지만
열무는 솎아 주어야
잘 자라겠지?

그대 생각
가슴에 접어두듯
듬성듬성 심을 걸 그랬다

우리 그대

바람이 차다
옷깃을 여민다

우리 그대 감기 들면 안 되니까
내 안의
그대
나도 미소로 감싼다

그리움을 두른다

수수께끼

초등학교를 방문했다
아이들이 언제든지 들어오라고
교장실 문을
활짝 열어두고 있었다

교장실은
수수께끼 하나씩 가지고 와야
들어올 수 있다

말은 말인데
달리지 못하는 말은?
거짓말!

수수께끼는 소통의 창구다
수수께끼는 사랑이다
수수께끼는 웃음이다

괜찮아

손님이 왔어요
술 한 잔 마시며
어쩌다 삶의 무게를 보이고
걱정을 선물했네요

갑옷을 입고
무거워하면서도
참 열심히 살아왔는데
어쩌다 약한 모습을
드러내고 말았네요

'괜찮아
그럴 수 있지 뭐
다 괜찮아!'
오늘은 왠지 그런 날이네요

인연

얄궂은 인연도 있고
좋은 인연도 있다지요

꿀벌처럼
향기나는 곳만 찾는 사람!

해바라기처럼
그대는 나만 바라보는 사람!

나는 그대에게
어떤 사람일까요?

작은 습관

아침마다 눈을 뜨며
그대를 만납니다

거울 속 그대와 마주보며
양치하고 세수를 합니다

따뜻한 미온수에도
포근해하는 당신이 있습니다

노트북을 엽니다
당신이 웃고 있습니다

당신의 얼굴에
텍스트가 입혀져
간지러운지 더 크게 웃습니다

오늘도
당신을 따라 웃습니다

택배

우체국에 왔어요
택배 보내러

번호표를 뽑고 기다리다
문득 드는 생각

내 마음도
택배 상자에 담아 보낼까?

출장 간
그대가 있는 그곳에

아, 엇갈릴 뻔했다
그대 마음
여기 두고 갔는데

얼굴 그리기

오늘 날씨 맑음!
하늘을 보는 순간
가슴이 열렸다

내 마음도 맑음!
그대 생각에
그리움이 열렸다

하늘에
그대 얼굴 하나
내 마음에
그대 얼굴 하나!

가장 중요한 하나

"세상에서
가장 중요한 것은?"

"돈, 명예, 건강,
사랑, 친구, 부모님,
자녀…"

아니
바로 나

그대를
가슴 깊이 담고 있는
나

5년 후 내가 나에게

어느덧
5년이 지났네
수고했어
토닥토닥

새벽부터 일어나
하루를 디자인하며
열정으로 살아온 너

5년, 10년, 20년 후에도
이 모습 선물할 거지?

우리
다음에는
여유로 포장된 나로
다시 만나자

2부

달콩이도 웃고 알콩이도 웃고

전철역에서 | 영원한 사랑 | 터치 스크린 | 그대를 처음 만난 날
거치대 | 백일홍 | 모닝커피 | 강물보다 깊은 그대 | 길을 걷다가
연꽃 | 고백 | 알콩달콩 | 버스 정류장 | 아몬드 초콜릿
우리가 사랑할 수 있을까 | 손가락이 생각을 하나 봐
비상등 | 촛불 | 그곳 | 행복 | 리무버 | 그리움 | 일편단심 | 아메리카노

전철역에서

전철역에서
스쳐 지나가는 사람들
저마다 목적지가 다르다
전철을 기다리며
꺼낸 생각도 다르다

전철이 가는 방향으로
생각이 따라간다

어머니와 아버지
남편과 아들 딸이
따라간다

어느새
그대도 합류했다

영원한 사랑

당신은 곁에 있어도
보고 싶은 사람
언제나 행복을 주는 사람

당신은 생각만 해도
미소가 지어지는 사람
살아온 시간보다
더 많이 함께하고 싶은 사람

다시 태어나도
지금 당신의
나로 살고 싶게 하는 사람

내 앞의 당신이
바로
그 사람!

터치 스크린

컴퓨터를 켜고
비밀번호를 눌렀다
화면이 열린다

보고 싶은 대로
터치만 하면 보인다

그대 가슴 터치하면
그 안에 나도 보일까?

터치했다
나만 보인다

내 사랑
성공이다

그대를 처음 만난 날

스위치만 누르면
바람으로
더위를 지워 주는 선풍기

그대 생각만 하면
근심걱정 지워
시원해지는 내 마음

내 생각에
언제부터 스위치가 달렸을까?

거치대

노트북 거치대를 구입하고
각도를 조절했다

노트북 보기가 편하다

아, 그대가 좋은 이유
훅 들어와
늘 내 눈높이에 있는 당신

노트북은 수동
그대는 자동!

백일홍

대법원 전산소 앞에
백일홍이 피었다

지나다닐 때마다
웃으며 반겨준다

그대와 함께 걸어도 반겨준다
백일홍은 나처럼 질투가 없다

질투가 없어
좋기도 하고

질투가 없어
밉기도 하고

모닝커피

사무실에 출근해
모닝커피 한 잔

부드러우면서 깊은 맛!
그대와 닮았다

아침마다 모닝커피로
당신을 만난다
날마다 신바람을 만난다

강물보다 깊은 그대

'강물도 쓰면 줄어든다' 했지요
하지만, 불어나는 것이 있어요

생각하면 할수록
더 보고 싶고

보고 싶은 만큼
불어나는 그대 생각

이래도 줄 수 있나요
줄이고
책임질 수 있나요?

길을 걷다가

대법원 전산소 앞을 지나다가
소나무를 만났습니다

도심에서 늠름한 모습으로
자태를 뽐내는 소나무!

소나무가
그대를 닮았습니다

마음속에도
눈 앞에도

늘 변함없이
내 편이 되어 주는
그대가
있어 행복합니다

연꽃

하얀 꽃잎에
핑크색을 머금은 연꽃

좋아하는 마음 들킬까
수줍은 모습!

내 가슴에서
자주 보던
내 모습!

고백

어느 날
노크도 없이
훅 들어온 당신

그날부터
내 심장이 고장났나 봐
쉴새 없이
뛰기만 하는 걸 보면

당신
책임질 거지?

알콩달콩

애칭이 하나 생겼다
난 알콩이
당신은 달콩이

날마다 이쁘게
알콩달콩 살자
새끼손가락 걸었다

달콩이가 웃고
알콩이도 웃고

버스 정류장

그대 만나러 가는 날
약속 시간 늦을까 봐

버스를 기다리며
초조하게 시계를 본다

어머?
이미 그대 만나서
함께 가고 있으면서

좋아하는 마음 들키게
내가 왜 이러지?

아몬드 초콜릿

입안 가득 퍼지는
부드러운 맛
우리 사랑처럼 달콤하고

아몬드를 깨물면
우리 사이처럼 고소하다

나,
그대 입안의
아몬드 초콜릿이고 싶다

우리가 사랑할 수 있을까

나도 할 수 있을까
머뭇거렸다

하루, 이틀, 사흘, 나흘…
시작을 못했다

"할 수 있어요.
제가 도와줄게요"

따뜻한 손길에 용기를 냈다

발을 떼고 보니
어느새 내 안에 그대가 먼저 와 있었다

참,
사랑하길 잘했다

손가락이 생각을 하나 봐

컴퓨터를 켰다
비밀번호를 잊었다

"뭐지?"
머릿속이 하얗다

손가락이
스스로 움직였다

화면이 열린다
그대 생각처럼
익숙해진 손가락

잘했어
잘했어

비상등

사람들은
비상 깜박이로
먼저 신호를 보내고
제 앞으로 옵니다

하지만
아무 신호도 없이
훅
들어온 당신!

당신이니까
봐준다

촛불

나
그대에게
촛불이 되고 싶다

그대 가슴에 놓여
일상을 밝혀 줄 촛불

이미
그대 나에게
촛불이 되어 있듯

나도 그대에게
촛불이 되고 싶다

그곳

그곳에
가고 싶다

그대와
함께라면 더 좋을

내 안에 옮겨두고
아직은 혼자 가고 있는

언젠가
함께 오겠지
그 마음이 길을 놓을
사랑이라는
그곳!

행복

꿈을 꾸었다

꿈속에서
꽃을 만났다
행복했다

깨어 보니
꿈은 꿈이다

내가 보고 싶을 때
꽃을 봐달라며 내밀던
그 꽃밖에 생각나지 않는다

리무버

삶이
외롭고 힘들 때가 있다

삶을
지워 버리고 싶은 때도 있다

그대가
훅 들어온 날!

내 가슴에
무지개가 떴다

일순간에
행복만 존재한다

오늘부터
내 일상은 맑음!

그리움

장독대에
눈이 내렸다

쌓인 눈 위에
하트를 그리고
그리움을 담았다

뜨거운 마음에
눈이 녹을까
내 가슴에 옮겼다

그대가

더 보고 싶다

일편단심

10년 후 나에게
편지를 적고 있습니다

10년 후 변해 있을 일상
그 일상 앞에
당당할 나를 생각하며 적었습니다

그러다
결국
지금으로 돌아왔습니다

10년이 지나도
변함 없을
그대 좋아하는 마음 때문에
웃으면서 돌아왔습니다

아메리카노

날마다 같은 커피숍
날마다 같은 아메리카노

어느 날은 쓰고
어느 날은 달고

왜,
커피 맛이 다르죠?

아
알았다

날마다
그대와 같이 와야겠어요

3부

지금도 그대 생각만 하면

간절함 | 콩깍지 | 마음 정원 | 와사비 | 튤립 | 동행 | 유채꽃

서로가 하나되어 | 미안하지만 | 울퉁불퉁 엄지손톱 | 사랑의 블랙홀

클로버의 비밀 | 결혼기념일 | 나무 | 홍매화 | 꽃비 | 동행 | 비단길

달콤한 사랑 | 설중매 | 상념 | 삼계탕 | 신호등 | 나팔꽃

간절함

함께 있어도
보고 싶은 그대

보고
보고
또 봐도
갈증이 나는 그대

나,
너이고 싶어

콩깍지

눈이 뻑뻑해
잠시 눈을 감았다

그런데
당신,
언제 왔어?

눈동자에
생기가 돈다

마음 정원

동그라미 하나 그리고
그 안에 들어왔습니다

그대와 내가
좋아하는 꽃을 심고
나무도 심었습니다

잔디에
예쁜 벤치를 놓고
우체통도 놓았습니다

좋아하는 음악을 켰습니다
새, 뭉게구름, 산들바람까지 축복해 줍니다
나비도 날아왔습니다

당신을 위해
내 안에 만든 정원
입장권은 딱 한 장입니다
그대만 받을 수 있는

와사비

그대와 마주앉아
회정식을 먹었다

순간,
코끝이 찡하며
눈물이 핑 돌았다

와사비 너!
다정한 우리 사이
질투하는 거지?

튤립

형형색색
튤립

나란히
나란히
줄서서 달려온다

내 안에서
보고 싶다 외치는
그대 목소리 들었나

내 가슴으로 뛰어든다
그대처럼 안긴다

동행

서로를 바라보며
30년을 살았습니다

앞으로
300년을 더 바라보겠습니다

이게 그대에게 받고 싶은
최고의 선물!

유채꽃

들판에
유채꽃이 만발했어요

같은 옷을 입어도
기품 있어 보여요

여럿이 모여
공동체를 이루니
더 예쁜 꽃!

좋아하는 사람도
함께일 때
더 예뻐 보이지요

늘 웃는다는 말을 듣는
그대와 나도 그렇고

서로가 하나되어

뜨거운 물 반 컵
차가운 물 반 컵
미온수

어쩌면 이렇게
마시기 좋을까?

너무 뜨겁지도
그렇다고
차갑지도 않은 게
30년을 살아온
우리 사랑처럼…

미안하지만

비가
억수로 쏟아져요

앞차 비상 깜박이도
보이지 않아요

거세게 돌아가는
윈도 브러시 사이로

선명하게 보이는
당신!

앗, 이러면 안 돼요
그대 얼굴에 브러시를 돌렸다

울퉁불퉁 엄지손톱

손톱에
나이테가 생겼어요

그대가
너무 보고 싶었던
그날!

손꼽아
기다린 만큼

손톱에도
당신 얼굴이 그려졌습니다

사랑의 블랙홀

당신을
처음 만난 날

내 심장이
빨려 들어갔어요

사랑의 깊이가
너무 깊어서

지금까지도
못 나오고 있어요

클로버의 비밀

네 잎 클로버를
찾으러 간 적 있어요

기대감으로 설레며
찾고 또 찾았어요

네 잎, 다섯 잎, 여섯 잎
책갈피에 넣어
주문을 걸었어요

클로버로 모은 숫자만큼
소원이 이루어졌다면
믿으시겠어요?

클로버 덕분에
그대 만나는 소원
이루어졌습니다

지금도
그때 생각만 하면 가슴이 뜁니다

결혼기념일

돌솥 눌은밥
물을 부어 기다립니다

보글보글 끓어
구수한 누룽지

30년을 살아온
우리 사랑처럼 구수합니다

언제나
내 곁을 지켜준 당신!

죽어서도
당신 곁에 있으렵니다

나무

기댈 수 있는
나무가 되어 드릴게요

힘든 당신
쉬어 갈 수 있도록

당신과 함께
사랑 나눌 수 있도록

당신은 이미
내게 큰 나무이니까요

홍매화

봄소식을 담고
수줍게 핀 꽃

다소곳한 모습에
가슴이 뛴다

혹여 그대
너인 나를 알아볼까 봐
얼굴까지 붉힌다

꽃비

벚꽃 터널을
걸었어요

벚꽃잎마다
당신이 웃고 있는 걸 보면
당신도 내가 보고 싶었나 봅니다

꽃비로 내 마음 적시며
살포시 내게 와 준 당신

사랑합니다
아름드리 벚꽃 길
함께 걸으며
그 사랑 확인합니다

동행

우리 추억이 담긴
그곳에 가보고 싶어요

그대와
함께 가고 싶어요

시간 없다고
미안해하지 말아요

그대 내 안에서
이미 동행하고 있으니까요

비단길

산등성이 태양
호수에 비친 비단길

보고 싶은 마음이
산을 만들고

그대 생각이
호수를 만들고

그리움 속
그대 모습이 보입니다

그대를 만나
비단길을 걷고 싶습니다

달콤한 사랑

군밤을 샀다
따끈한 군밤

달다
따끈한
우리 사랑처럼

그렇다고
군밤 굽듯
뜨거운 불에 굽지 않았다

원래부터
우리 사랑
뜨거웠다

설중매

아직 추운데
빨간 꽃망울 터트린 너

빨간 드레스가
오늘따라 빛난다

너도 나처럼
지금
보고 싶은 사람
기다리고 있니?

상념

시골집에 왔다
힘든 일상이 사라지고
마음이 따듯하다

그대
품에 안긴 것처럼
자꾸만
그대 속으로 빠져든
그때처럼

이러다
애인이 둘 되겠다

삼계탕

늦은 점심
삼계탕을 먹었다

뽀얀 삼계탕
국물 맛이 포근하다

함께 왔으면 좋을
그대 생각까지 한다

배부르다

신호등

길을
나섰어요

그대에게 가는 길
신호등이
멈췄다 가라 하네요

보고 싶은 마음
멈출 수가 없는데

신호등이
우리를 질투하나 봐

나팔꽃

매일 아침
당신을 만납니다

어제 하루 동안
있었던 이야기 들려주고 싶어
이슬 머금고
밤새 당신을 기다립니다

기다림 끝에
만나는 행복!

당신 아니면
누구에게 받나요

4부

나는 꽃, 그대는 봄

봉숭아 사랑 | 도라지꽃 | 진달래 빛 사랑 | 개나리꽃 | 민들레 씨앗

창조자 | 사랑의 계단 | 비밀번호 | 리모델링 | 내 마음의 보석

엄마 목소리 | 엄마의 마음 | 1그램의 용기 | 아침을 여는 사람들

내 마음에도 봄 | 목련이 피기까지 | 고장난 시력 | 포근한 그대

요술 안경 | 시간 쪼개기 | 추억을 품은 책장 | 가방 | 그루터기 | 그대 생각

봉숭아 사랑

여름이면
손톱에 꽃물 들여 주시던
엄마의 사랑!

오늘은
마음에 꽃물을 들인다

아
보고 싶은 엄마!

도라지꽃

그대 사랑하는 마음이
수줍은 몸짓으로 피어났어요

오늘도 보랏빛 설렘으로
당신을 기다립니다

와 줄 거죠?

진달래 빛 사랑

섬세한 꽃술!
봄바람에 살랑이며
그대와의
사랑을 꺼냅니다

금세 마음에
꽃물이 듭니다

그대 웃는 얼굴이 보입니다

개나리꽃

주체할 수 없는
당신 이야기가 되고 싶어
잎새도 없이 달려왔어요

할 이야기 쏟아내다 보니
길게 꽃이 되었네요

황홀한 눈인사에
살짝 부끄럽기도 합니다

나는 꽃
그대는 봄!

민들레 씨앗

당신 사랑으로
꽃을 피웠어요

당신만
바라보다 피운 꽃

죽어서도
당신이 가는 자리
따라다니며
당신과 함께하겠습니다

내 가슴에
민들레꽃이 피었습니다

창조자

세상을
밝히는 태양!

나를
밝히는 그대!

그대가 있어
세상이 보입니다

그대 앞에서
꽃이 됩니다

사랑의 계단

운동을 시작했어요
한 계단, 두 계단, 세 계단…

10층을 올라도
구름 위를 걷는 기분

쉿!
이건 비밀입니다

그대 생각하며
걸었다는 사실

비밀번호

내 비밀번호는 ○○○○
그대만 아는 번호

그대의 비밀번호도 ○○○○
나만 아는 번호

아무도 알 수 없죠
우리 처음 만난 날!

비밀번호를 누를 때마다
내 안에 아지트가 됩니다

아지트를 찾을 때마다
미소를 짓는다는 사실

이것도 비밀입니다

리모델링

내 안에 집을 장만했어요
그대와 나만 머무는 집

그대만 올 수 있도록
오솔길을 냈지만
그 길 끝에
넓고 아름다운 집

그 집에서
서로 가슴에 핀 꽃으로
향기를 나눌 수 있도록
예쁘게 꾸며 갈게요

내 마음의 보석

항아리가
햇빛에 반짝였다

보석처럼
빛난다

항아리 속에
어머니 마음이 담겼다

내 마음에도
어머니가 살고 계신다

서로 맞든 인생 될 수 있게
늘 보듬고 계시는

아~
어머니!

엄마 목소리

엄마와
통화했다

목소리가
어눌하다

엄마의 뇌에
문제가 생겼다

목소리에서
엄마 삶이 보인다

엄마가 아픈 만큼 더 아픈
저를 곁에 두고
아프지 마세요

엄마의 마음

검은 봉지 속
비닐에 말려 있던
엄마 쌈짓돈
오십만 원

지금도 검정 봉지만 보면
엄마가 생각난다

한 푼 두 푼 모아
먹거리와 함께
숨겨 보내 줬던
엄마의 사랑

사랑을
봉지에 담아
엄마에게 보낸다
눈물이 난다

"엄마!
아프지 마"

1그램의 용기

그대를 처음 만난 날

가슴이 너무 뛰어
숨죽이며 떨었어

1그램의 용기가 부족해
그만 입도 뻥긋 못했는데

그때부터
내 심장이 고장났나 봐

지금도
그때 생각만 하면
그때처럼 가슴이
뛰는 걸 보면

아침을 여는 사람들

좋은 아침!
여기저기 아침 인사가 올라온다

행복한 단톡방!
사람 사는 냄새가 그윽하다

꿈 많은 소년 소녀들처럼
아름답게 빛나는 두 시간

꿈 꾸는 시간이 지나면
사뭇 일상이 궁금해진다

매일 아침
그대를 만나는 것처럼
연애하는 기분!

가슴을 연다
역시 그대가
꽃으로 피어 있다

내 마음에도 봄

봄이 왔다
꽃들이 핀다

매화, 목련, 복수초, 영춘화
노루귀, 광대나물, 변산바람꽃
삼지닥나무…
누가누가 잘하나 경주하듯 핀다

내 안에도
꽃이 되었다

지난겨울
그대 생각이 돋아난 자리

꽃이 가득 피어 있다

목련이 피기까지

목련
꽃봉오리가 생겼다

솜털 가득한
봉오리 속!
무엇을 담았을까?

어쩌면
내 안에 꼭꼭 숨기고 있는
그대 모습처럼
얼굴이 들어 있을지 몰라

지난해 꽃을 보고
좋아했던 사람들
그 얼굴 담고 있을지 몰라

고장난 시력

거울을 봤어요
그런데 이상하죠?

제 눈이
고장났나 봐요

거울 속에
그대가 보여요

내 가슴에 담긴
그대 모습 비쳤는지

웃고 보는 그대
참 보고 싶은 그대!

포근한 그대

길을 가다
큰 나무에 기대앉았다

나무처럼
내 버팀목이 되어 준
그대가 생각난다

아
포근해!

그대 품에 안겨
그때처럼 잠들고 싶다

꿈이라도 좋으니
그대 만났으면 좋겠다

요술 안경

세상에서
가장 중요한 것은 뭘까요?

돈, 명예, 건강
부모님, 사랑, 자녀…

하지만 나는
그대!

그대가 있어야
비로소 다른 것이 보이니까

밥맛이 없고
하던 일도 흥미없고
그런 일도 없으니까

시간 쪼개기

"바쁘다 바빠"
늘 종종거린다

24시간이 부족하다고
종종걸음이다

하루를 쪼개고
다시 쪼갠다

그러다
또 실패다

시간 쪼개기가
안 되는 그대 생각에서
멈추고 만다

추억을 품은 책장

책장에 책이 꽂혀 있다
회계원리, 재무관리, 마케팅, 교육학…
책 한 권 한 권에
낯익은 얼굴이 떠오른다

제자도 있고
은사님도 계시고
취업 준비에 몰두했던
나도 있다

그러다
미소를 짓는다

일상이나
인생이나
사랑도 모두
시간이 답이었다

가방

가방과
내가 닮았다

가방에는
필요한 물건이 가득하고

내 안에는
보고 싶은 그대 생각으로 가득하고

그루터기

느티나무는 나이테로
세월의 무게를 말하고

내 마음은
그대 생각으로
그리움의 무게를 말하고

느티나무는 무겁고
내 마음은 가볍다

그대 생각

산길을 올라가다
쉴 곳을 만났다

그대를 만난
것처럼 기쁘다

그대 무릎에 앉듯
편안하다

그대 생각이
나를 감싼다

5부

보고 싶다, 그대라는 별

내 마음의 아침 | 황량한 바람 | 고장난 시계 | 줄자를 꺼내다가
분주한 그믐날 | 마호 | 장독대 | 고드름 | 와인 | 회계원리
내 인생의 조종사 | 엄마 | 별 다섯 | 사랑나이 | 카멜레온 | 고라니
첫사랑 | 소통 | 구슬땀 | 동문서답 | 가족 | 안경 | 떡국 | 인생길

내 마음의 아침

산등성이에
아침 해가 떠올랐다

눈이 부시지만
1%가 부족하다

내 안에는
그대가 아침 해

날마다
행복한 내 하루를 열어 주는
그대 생각이 해!

황량한 바람

바람이 불어요
문이 심하게 흔들려요

전설의 고향
촬영 중인가요?

하지만
무섭지 않아요

그대가 보고 싶을 땐
이미 여러 차례
심란한 바람이 불었는걸요

하지만 결국
날 지켜 준 건
늘 그대였으니까요

고장난 시계

봄, 여름, 가을, 겨울
계절이 바뀌고 있는데

창밖을 봐도
변화를 못 느껴요

내 마음은
그대 처음 만난 날

봄날에
멈춰 있나 봐요

줄자를 꺼내다가

줄자를 꺼내다
문득
그대가 생각났습니다

우리 사랑은 몇 미터일까?
우리 추억은 몇 미터일까?

이런
7미터 줄자로는…

웃을 수밖에 없습니다
그래서
웃었습니다

분주한 그믐날

또
말일이 되었다

괜스레
마음이 분주하다

무엇부터 할까?

할 일이
줄서기 한다

언제나
줄서기 앞자리는
그대 생각!

마호

저녁이면
발로 문에 신호를 보낸다

함께
자고 싶다고 한다

침대에
두 발을 걸치고 있는 모습
사랑스럽다

우리
전생에 애인이었니?
우리 집 강아지 마호!

장독대

장독대 항아리에
무엇이 들어 있을까

고추장, 된장, 묵은지…

뚜껑을 연다
기다림이 담겼다

내 안에도 항아리가 있다
무엇이 들었을까

추억, 사랑, 그리움…

가슴을 연다
그대 생각이 담겼다

고드름

보고 싶다
자꾸 생각난다

그대 향한 그리움이
처마 끝에 달렸다

너무 보고 싶어
눈물이 흐른다

와인

오묘한 느낌이
내 몸을 감았다

오감을 뒤흔든
강렬한 너!

가까이 있으면
보고 싶고

멀어지면
더 생각나는 너!

내 마음까지
훔쳐가고

너는
너는 누구니?

회계원리

책장에 꽂힌
회계원리에 눈이 멈췄다

회계원리처럼
생각의 원리가
딱 맞아떨어진다면

나, 그대
꼭 잡을래

내 인생의 조종사

그대 목소리
내 심장이 멎는 소리

그대 숨소리
내 숨이 멎는 소리

그대는
내 인생의 조종사

그대만 보면
내 맘대로 안 돼요

나
정상 맞죠?

엄마

앙상한 나뭇가지
마음이 짠하다

봄부터 싹을 틔워
꽃을 피우고 열매를 맺어
다 내어주고
앙상한 가지만 남았다

아
엄마!

별 다섯

공부하다
별을 그렸다

하나, 둘, 셋, 넷, 다섯
내 마음속
가장 중요한 그대가 그려진다

보고 싶다
그대라는 별!

사랑나이

"몇 살이세요?"
"글쎄요…"

"나는 검정머리
당신은 하얀 머리
제가 동생이네요"

사랑나이가 그렇듯
세 살 많은 내가
동생이 됐다

기분이 좋다

카멜레온

노아, 마호
우리 집 강아지 초딩

하루에도
몇 번씩 표정이 바뀐다

배고파요
심심해요
놀아줘요

다음은
어떤 표정으로
날 아이로 만들까?

고라니

뒷산에서
고라니가 내려왔다

앙상한 가지에서
먹이를 찾는다

이 추운 겨울
널 어떡하면 좋으니?

그래
견뎌야 해

새싹도 견디면 돋아나고
막막한 사랑도
아픔을 견디면 이루어지잖아

첫사랑

하굣길
네가 날 따라왔잖아

사실 그때
내 심장이
멎어 버리는 줄 알았어

무서워서 표현은 못했지만
그래서 아직도 아쉽긴 하지만

참
너도 그랬니?

소통

물 쏟아지는 소리에 깼다
베란다 수도배관이 얼어터졌다
거실까지 물이 찼다

가족을 깨워 물을 퍼냈다
새벽 3시!

꽁꽁 얼었던 마음도
참지 못해 터지면
넘친 물 같겠지?

일상이 잠기겠지?

구슬땀

하루가 지나갔다
소득도 없이

바빴지만
소득이 없다

아쉬운 듯
마음을 연다

노력이
저축되어 있다

동문서답

"설레임을 아시나요?"
"네, 아이스크림요?"

"아시는구나."
"왜요?"

"당신을 보면 설레요."
'저도요'라고 말하려다 남겨뒀다

말하고 나면 설렘이
다 녹아 없어질까 봐…

아직
내 안의 아이스크림은
녹지 않았다

가족

시계 안에는
세 식구가 산다

나처럼
늘 바쁜 초침

엄마처럼 바쁘지만
여유를 보이는 분침

바쁘지만
책임까지 지는 시침

초침이 돌아간다
바쁘게
바쁘게 돌아
시침까지 왔다

와서 보니
아빠가
보고 싶다

안경

안경을 쓰면
세상이 선명해 보입니다

안경이 없어도
선명하게 보이는 것은
바로 당신입니다
당신은 나의 안경입니다

맞습니다

안경을 쓰나
안 쓰나
선명하게 보이는
그대 바라볼 때 말고는
다 그렇습니다

떡국

떡국을 끓였다

어릴 적 동지팥죽을 먹고 나이 한 살
떡국을 먹고 또 한 살
1년이면 두 살

빨리 먹고 싶은 나이에
어른이 되었다

떡국이 끓는다

떡국을 먹지만
나이는 안 먹는다는
신비한 떡국이 끓는다

인생길

밤새 눈이 쌓였다

길거리에 차가
미끄러진다

조심조심
달리던 차가 미끄러진다

지나던 사람들이 모여
차를 민다

헛바퀴를 돌다가
제자리를 잡는다

인생같이
헛바퀴를 돌고 있는
코로나 정국같이

오늘도 그대 따라 웃습니다

펴낸날 초판 1쇄 2021년 12월 15일

지은이 김순복
펴낸이 서용순
펴낸곳 이지출판

출판등록 1997년 9월 10일
등록번호 제300-2005-156호
주소 03131 서울시 종로구 율곡로6길 36 월드오피스텔 903호
대표전화 02-743-7661 팩스 02-743-7621
이메일 easy7661@naver.com
인쇄 (주)지오피앤피

값 12,000원

ISBN 979-11-5555-170-7 03810
ISBN 979-11-5555-171-4 05810